AF603361

AVERTISSEMENT CONTRE VNE DOCTRINE PREIVDICIABLE A LA VIE DE TOVS LES HOMMES, & particulierement DES ROIS ET PRINCES SOVVERAINS,

ENSEIGNEE A PARIS AV College de Clairmont, occupé par les IESVITES.

M. DC. XLIII.

Auertissement contre vne doctrine preiudiciable à la vie de tous les hommes, & particulierement des Rois & Princes Souuerains, enseignée à Paris au College de Clairmont, occupé par les Iesuites.

IL n'est pas besoin de discours pour faire entendre aux hommes qu'ils doiuent faire estat de leur vie. Ils le sentent assez par le contentement qu'elle leur cause, par le desir qu'ils ont & les soins qu'ils prennent afin de la conseruer, & par l'horreur & auersion, que la nature leur donne contre ce qui la peut destruire. Viure, est la source de toutes les actions & de tous les plaisirs; & il n'y a rien de si precieux ny de si riche au monde, que les hommes vueillent receuoir en eschange de la vie; comme en effect il ne leur seruiroit de rien de I.

gaigner tout le monde, & de perdre la vie. Toutesfois ils exposent vne chose si chere pour le seruice des Rois, qu'ils reuerent cóme Images viuantes & Lieutenans de Dieu dans la conduite & gouuernement des peuples, & reconnoissent, s'ils sont instruits en la science de l'Eglise, qu'ils tiennét de la mesme main, & ont receu de la mesme puissance & bonté diuine, & la vie & les Rois.

II. La consideratió de l'autheur de ces biens les rendoit assez recommendables; mais de plus, la mesme grace & maiesté qui les dóne les a voulu munir contre l'iniustice & la malice, & les rendre inuiolables par sa saincte parole. En defendant le meurtre Dieu a pourueu à la seureté de la vie, & declarát par ses Prophetes les droicts des Rois, il les a puissammét establis, & leur a dóné vne onction particuliere, comme vne

eſpece de Sacerdoce pour les rendre ſacrez & plus auguſtes & venerables au monde. Noſtre Seigneur III.
Ieſus-Chriſt, la ſageſſe & la parole du Pere, a confirmé de bouche, & par exemple la doctrine, que le Pere auoit enſeignée par ſes ſeruiteurs les Prophetes: Et, comme il eſtoit venu pour perfectionner toutes choſes, il n'a pas ſeulement defendu l'homicide, mais meſme la colere & la haine, ſources & principes de toute violence; & n'a pas ſeulement payé le tribut au Prince pour luy & ſes diſciples, & ordonné, qu'on rende à Ceſar ce qui luy appartient, ainſi qu'à Dieu ce qui appartient à Dieu; mais encore s'eſt ſoumis au tribunal du Prince, & a volontairement ſubi & ſupporté patiemment le cruel & inique iugement *Rom.3.*
du Lieutenant de l'Empereur, & *Tit.3.*
1.Pet.2.

a inſtruit ſon Egliſe par les eſcrits de ſes Apoſtres, qu'il faut obeïr aux Rois, non ſeulement par crainte de leur colere, mais par obligation de conſcience, & que leur puiſſance eſt ordonnée de Dieu; en ſorte que ceux qui leur reſiſtent, reſiſtent à l'ordre & à la diſpoſition de Dieu.

IV. Il n'y a rien qui ſe puiſſe oppoſer à ces ordres de Dieu, ſinon l'eſprit d'erreur & de malice, qui eſt touſiours contraire à Dieu, comme il s'y oppoſe en effet dans vne infinité de perſonnes, qui combattent par la brutalité de leurs actions contre leur propre foy & creance, & preferent l'ombre d'vn profit periſſable, ou du plaiſir d'vn moment, aux biens que Dieu a preparez à ceux, qui l'aiment & obeïſſent à ſes commandemens. Mais qu'entre ceux, qui font profeſſion d'eſtre conducteurs des aueugles, la lumiere du monde, les Maiſtres des Chreſtéis, & d'enſeigner aux autres la perfection & pureté de noſtre ſaincte Religion, il ſe trouue des hommes, qui au meſpris de ces ordres ſacrez, & de ces regles diuines, ſement des doctrines preiudiciables à la vie de tous les hommes, & ſouuerains & particuliers: doctrines auſſi eſloignées du Chriſtianiſme, que Belial de Ieſus-Chriſt: C'eſt choſe qu'on ne peut entendre ſans en eſtre ſaiſi d'vn extraordinaire eſtonnement. Et toutesfois vn Theologien de cette Societé, qui pour ſe diſcerner du reſte des Chreſtiens, a pris le nom eminent & illuſtre de Compagnie de IESVS, expliquant en public le commandement de Dieu, qui defend de tuer les hommes, a dicté publiquement dans le College de Clermont à Paris la doctrine suiuante traduite de ses termes latins:

V. A sçauoir, *Si tu tasches de detracter de mon nom par fausses accusations vers vn Prince, ou vn Iuge, ou des gens d'honneur, & que ie ne puisse en aucune façon detourner cette perte de ma renommee, sinon en te tuant en cachette, si ie le puis faire licitement? Bannes l'asseure q. 64. art. 7. doute 4. adioutant qu'il faut dire le mesme quand bien le crime seroit veritable, pourueu qu'il fust caché de telle sorte qu'il ne le peust découurir selon la Iustice legale. Sa raison est, par ce que si tu veux offenser mon honneur ou ma reputation auec vn baston, ou me donnant vn soufflet, ie le puis empescher par les armes; donc il en est de mesme, si tu tasches de m'offenser par la langue, & que ie ne le puisse autrement euiter, sinon* en te tuant; cela importe peu, *ce semble, veu que tu me nuirois égale-*

ment de la langue comme d'vn autre inſtrument. En apres, le droict de ſe defendre s'étend à tout ce qui eſt neceſſaire à vn homme pour ſe garantir de toute iniure. *Il faudroit toutesfois auertir auparauant le detracteur de ceſſer, & s'il ne le vouloit pas, à cauſe du ſcandale il ne le faudroit pas tuer ouuertement, mais* en cachette.

Sçauoir, S'il eſt permis à vn chacun de tuer *celuy qui a* l'authorité *legitime de* regner, *mais qui en abuſe à la ruine du peuple? Ie reſponds que non, & qui aſſeureroit opiniaſtrement le contraire, ſeroit heretique, comme il eſt porté en la Seſſion* 15. *du* Concile *de* Con*ſtance qui condamne cette propoſition,* VI.

Vn Tyran peut eſtre tué licitement & meritoirement par quelque vaſſal que ce ſoit, & par embuſches ſecrettes, & par cajoleries & flateries ſubtiles, nonobſtant quelque ſerment de fidelité qu'on luy ait presté, & quelque confederation qu'on ait faite auec luy, sans attendre aucune Sentence. *La raison est, qu'il est permis de tuer ceux qui sont le mal, en tant seulement qu'on iuge qu'il est expedient & conuenable au bien public. Donc il* appartient *seulement* à celuy à qui le soin du bien commun a esté commis, & par consequent à celuy-là seulement qui a authorité publique, *tel que n'est pas chaque particulier.*

VII. En aussi peu de lignes pourroit-on trouuer deux autres propositions si pernicieuses à tout le genre humain ? l'vne attaque la vie de tous les hommes, l'autre celle de tous les Princes. La premiere offense directement toutes les personnes du monde; l'autre s'adresse à tous les Souuerains. Mais les Rois ne sont pas seulement offensez en l'vne, & tous les hommes en l'autre; l'vne & l'autre mettent indifferemment en danger les Rois & tous les hommes. Les Rois sont hommes, & ont la plus grande part au peril de tous les hommes, & sont encores interessez en la distribution de la Iustice, dans la conseruation de la Societé ciuile, & à defendre la vie de leurs sujets. Le bon-heur des Royaumes & la tranquillité publique ne peut estre asseurée, si la vie & l'estat des Rois n'est pas en seureté; qui choque la Souueraineté, trouble toute la Societé ciuile; & l'on ne peut faire tort à la Societé des hommes, sans violer les droicts de la Souueraineté, tant ces beaux & venerables dons & ouurages de la bonté & sagesse de Dieu sont estroitement & inseparablement vnis & ioints ensemble. Mais la seconde de ces deux extrauagantes

questions cache autant qu'elle peut son vice; & la premiere porte sa deformité sur le front, & ne peut estre regardée sans qu'on en conçoiue de l'horreur, si on n'a despoüillé tout sentiment, non seulement de Christianisme, mais
VIII. encore d'humanité. Car quel homme instruit dans l'Escole de Iesus-Christ, & y ayant entendu cette voix de la bouche sacareé de nostre Seigneur, *Ie vous dis ne*
Math. 5. *resistez point au mal; Si quelqu'vn te*
Luc. 6. *frappe en la ioüe dextre, presente luy*
Rom. 12. *aussi la gauche*; &, *aimez vos enne-*
1. Cho. 6. *mis, faites bien à ceux qui vous haïssent*, &, *priez pour ceux qui vous calomnient & persecutent, afin que vous soyez enfans de vostre Pere, qui est és Cieux*. Quel homme raisonnable ne sera pas surpris d'estonnement, voyant qu'vn Interprete de la loy naturelle & diuine, vn Docteur

des veritez Chrestiennes enseigne publiquement, qu'il est permis de tuer non seulement celuy qui voudroit donner vn soufflet, mais qui auroit dessein de dire quelque chose, soit de faux, soit de veritable, à nostre preiudice, à des personnes de consideration? Le Christianisme fait resoudre ceux qui luy obeïssent & qui le pratiquent à surmonter le mal en le souffrant: Le Iesuite instruit le monde, non seulement à repousser vne offense mediocre par vne plus grande, mais mesme à preuenir vne parole, la plus legere de toutes les choses, & la punir, quoy qu'elle ne soit pas encore dite & proferée; encore mesme qu'elle deust estre fondée en verité, & peut estre en obligation & deuoir; & la punir, dis-ie, par le plus cruel & violent excés, où la rage puisse porter les hom-

mes, par vn empoiſonnement &
IX. vn meurtre. Non ſeulement il ruine le Chriſtianiſme, mais il réuerſe les Loix, deſtruit les aſſemblées des hommes, les Villes & les Communautez; il mépriſe la puiſſance & la maieſté, abbat la Souueraineté, oſte des mains des Rois l'eſpée que Dieu leur a baillée pour la conſeruation des gens de bien, & la punition des meſchans; ſappe les fondemens de toute Police & Iuſtice ciuile, & plonge tout le monde en vne épouuentable confuſion, quand il rend vn chacun vengeur de ſa querelle, & executeur de ſes paſſions; quand il met le glaiue en main de chacun des particuliers intereſſez, non pas ſeulement pour exercer leur vengeance, mais pour aller au deuant des iniures, qui ne ſeront encore, qu'en leur crainte & imagination,

non ſeulement pour mettre leur vie en aſſeurance, mais pour empeſcher vn diſcours, vn rapport qui pourroit eſtre fait à leur deſauantage, & euiter vne honte, laquelle meſme ils auroient meritée.

Tous ces inconueniens & rauages viennent euidemment en ſuitte & conſequence neceſſaire de ſa deteſtable concluſion. Mais la raiſon generale de laquelle il tire ſa preuue, s'eſtend encore plus auant, & donne vne plus grande ouuerture & licence à toute ſorte de crimes & d'horreurs, quand pour prouuer, qu'on peut tuer vn homme, de peur qu'il ne médiſe, ou ne diſe vne verité odieuſe; il eſtablit ce prodigieux principe; *que le droict de ſe defendre s'eſtend à tout ce qui eſt neceſſaire pour ſe garantir de toute iniure*; Ne donne-il pas X.

droict à chaque personne priuée, pour euiter la moindre, la plus legere, & la plus supportable de toutes les iniures, de faire toutes les plus grandes, les plus violentes & excessiues offenses? S'il faut faire mourir quelqu'vn, vn Aduocat, vn Iuge, vn Magistrat, vn voisin & vn frere, afin d'euiter la perte d'vn procez; S'il faut empoisonner vn homme de condition, auquel nous ne pourrions pas resister, vn Ministre d'Estat, vn Prince, & vn Souuerain, de peur qu'il ne nous fasse tort, de crainte qu'il ne nous punisse; *le droict de se defendre s'estend à tout ce qui est necessaire pour se garantir de toute iniure.* Faut-il tuer pour empescher que l'on se moque de nous? pourueu que ce soit en cachette, la regle du Iesuite le permet; & si sa raison auoit lieu, elle permettroit également de tuer deuant tout le monde, & s'il estoit possible, d'assassiner tout le monde.

Combien estoit-il plus à propos, si le Iesuite eust plutost regardé la droite & veritable raison, qu'il ne s'est arresté à ces vaines & creuses imaginations, d'exhorter, quand on ne peut arrester par prieres & considerations ciuiles ceux qui voudroient discourir à nostre preiudice, d'exhorter dis-ie, à laisser, comme de grands Princes ont dit, la liberté de parler en vne Cité libre? Le discours seroit-il veritable? en endurer la honte, comme vne iuste & naturelle punition de nostre faute. Seroit-il faux? le refuter & conuaincre par la verité fauorable à nostre innocence, le reparer par voyes ciuiles & legitimes; lesquelles si on nous ferme, si on nous oste le moyen de nous XI.

iuſtifier, ſupporter courageuſe-ment vne fauſſe infamie, ſe con-ſoler par le teſmoignage de ſa con-ſcience; &, ſi nous ſommes Chre-ſtiens, ſouffrir genereuſement l'in-iuſte perſecution & la calomnie, & imiter celuy qu'on appelloit Samaritain, ſeducteur & demo-niaque, & ne maudiſſoit point, quand on le maudiſſoit, mais ſe donnoit luy meſme à celuy qui le iugeoit iniuſtement. Ieſuite, com-
1. Pet. 2. bein eſtes-vous eſloigné de IESVS, qui n'attendez pas meſmement, qu'on vous ait fait iniure, pour la vanger; qui pour étouffer vne pa-role, auant qu'elle ſoit dite, & de peur d'eſtre touché par vn mot, qui n'eſt pas encore proferé, aſſaſ-ſinez vn homme?

XII. Vous faites le modeſte, & comme de bons Acteurs de Tra-gedies, pour n'offenſer point la

veuë

veuë du peuple, qui regarde, vous n'égorgez pas ſur le theâtre. Vous conſeillez de tuer en cachette. Craigniez-vous point la vaine gloire, ſi vous euſſiez tué publiquement les hommes à la veuë des Magiſtrats & des Iuges? Auiez-vous peur, qu'on vous priſt pour vn Phariſien, qui prie Dieu & donne des aumônes en public, pour exciter les hommes à le loüer? Choiſiſſez-vous le ſecret pour cacher l'aumône dans le ſein des miſerables, ou pour y plonger le poignard, ou y faire entrer le poiſon? de peur de receuoir voſtre recompenſe en ce ſiecle, ou pour l'attendre du Pere Celeſte, qui voit ce que vous faites en ſecret, & qui vous le rendra deuant les Hommes & les Anges? Vous ordonnez les tenebres aux œuures de tenebres, vous euitez le iour qui manifeſteroit vostre ouurage, & haïssez la lumiere, par ce que vous faites mal.

XIII. Il faut pour tuer, selon vos maximes, euiter le scandale, & quel scandale? sinon la haine de tous les hommes, qui ne souffriroient pas, qu'on tuast deuant leurs yeux vn homme, de peur qu'il ne luy arriuast de lascher quelque mauuaise parole? Si cette action, comme le Iesuite pretend le faire croire, est fondée sur la Iustice naturelle; qui se pourra scandaliser d'vn homme, qui vsera de son droict naturel? Et pourquoy euiter la connoissance des hommes, pour se seruir du premier, plus ancien, & du plus necessaire droict, qui n'est autre que l'vsage de la droite raison, par laquelle Dieu veut que les hommes se gouuernent? La veuë des hommes ne rendra pas mauuais, ce qui eſt naturellement bon, & le ſecret & la ſolitude ne changeront iamais en bien ce qui naturellement eſt mauuais. Valoit il pas mieux dire, que, ce que tous les hommes ne pourroient pas ſouffrir, ce qu'ils vangeroient par de iuſtes ſupplices, ne doit point eſtre fait; & prendre le ſentiment & iugement vniuerſel des hommes pour vne voix de la nature, pour vne interpretation veritable de la Iuſtice naturelle; & defendre de faire en cachette, ce que perſonne ne pourroit endurer que l'on fiſt en public? Il faut euiter le ſcandale en oſtant entierement, non pas en cachant le mal, lequel eſt ordinairement plus grand, & plus dangereux, lors qu'il eſt plus caché, en ſeruant au iugement des gens de bien, non pas aux yeux du monde, en retranchant ce que les hommes condamneront tousiours ; soit qu'on le fasse à découuert, ou qu'on le commette en secret.

XIV. Pour euiter le scandale, qu'on tuë en cachette! Qui eust iamais attendu ce conseil d'vn Theologien? Ceux qui ont l'ame assez noire pour se resoudre à empoisonner & à tuer les hommes, afin de preuenir vne parole d'offense, n'auroient pas attendu, quoy qu'on publie de la condescendance & facilité des Iesuites, qu'vn Iesuite leur eust donné ce fauorable auis; ils l'auroient bien pratiqué par auance, & ne mépriseroient point si fort leur vie, quelque mauuaise & desesperée qu'elle soit, que de s'exposer aux tourmens & supplices, en attaquant en public celuy, qu'impunément & plus commodément ils pourroient faire mourir en cachette. Sans l'a-

uis du Ieſuite, ils euiteroient le ſcandale, & non le crime, & auroient
la crainte des hommes, & non celle
de Dieu. Hypocrite, n'auez vous XV
pas de honte, de blanchir les pa-
rois, & parer les ſepulcres au dehors, & laiſſer le dedans plein de
ſaletez & d'ordures? d'exhorter à
redouter ceux, qui ne peuuent rien
plus, quand ils auront tué le corps,
& mépriſer celuy, qui apres auoir
donné la mort peut enuoyer le
corps & l'ame dans la geſne du
feu? Croyez vous donc que le
Ciel, qui entend la voix du ſang
épandu, le ſouffre plus patiemment, que la terre qui le boit, &
en iette la voix iuſques au thrône
de Dieu? que l'Autheur de la Iuſtice l'exerce moins iuſtement &
moins ſeuerement, que les hommes menteurs? où que Dieu ſoit
moins offenſé de voir ſon Image

brisée, le plus parfait de ses ouurages destruit, vn de ses fils assassiné, que les hommes voyans vn de leurs semblables tué? Vostre auis ne sert point aux meschans. Ils n'ont que trop d'inuentions damnables, pour euiter ou eluder la connoissance & la peine des hommes. Vous empestrez leurs ames, & les iettez dans le precipice & l'abysme du mal, tuant cruellement leurs consciences. Se cachant aux hommes, au moins ils se craindroient eux-mesmes, ausquels ils ne peuuent pas se cacher, & auroient peur du témoin & du Iuge, qu'ils portent continuellement auec eux, du ressentiment & remors de leurs ames, si vous ne l'estouffiez pas. Quand leurs crimes seroient connus des hommes, ils pourroient corrompre leurs accusateurs ou leurs Iuges par faueur, ou rendre par brigues & puiſſance leur iugement & condemnation ſans effect. Pourquoy leur oſtez vous la ſeule bride, qui les peut retenir, l'apprehenſion des iugemens de Dieu, leſquels on ne peut euiter ny en cette vie, ny en l'autre?

Vn homme ſortant de cette damnable Eſcole, craignant les loix exterieures, au reſte ſans conſcience & ſans Dieu, inſtruit à tuer en cachette, ceux deſquels il redoutera la puiſſance, ou ſeulement la langue, ne ſe contentera pas de poignarder durant la nuit, ou d'égorger és grands chemins, & dans les ſolitudes; Mais pour mieux & plus adroitement pratiquer ce qu'il aura appris, à tuer en cachette, ſe iettera dedans les compagnies, ſe gliſſera dans la familiarité de ceux, qu'il deſirera ſurpren- XVI.

dre, entrera dedans leurs maiſons,
corrompra leurs domeſtiques, ſe
pouſſera dedans leurs cabinets, &
à leurs tables, les ſeruira, les trai-
tera luy meſme, pour les empoi-
ſonner, & meritera plus d'appro-
bation de ſes deteſtables Maiſtres,
s'ils demeurent conſtans en leurs
principes, plus il aura ſoigneuſe-
ment caché ſon crime, plus il aura
meſlé d'artifices, de perfidies & tra-
hiſons, pour commettre ſon aſſaſ-
XVII ſinat, & le mettre à couuert. Qui
ſe pourra ſauuer? quel ſexe, quel
âge, quelle fortune, vertu, condition, pourra garantir des funeſtes
conſequences de ces mauuais enſeignemens? Outre les conditions, fortunes, & intereſts, qui
rendent le peril commun à l'vn &
l'autre ſexe, les femmes ne ſeront
pas en ſeureté, s'il eſt permis de
tuer pour arreſter vne langue, l'â-

ge ne preſeruera pas les enfans, puis qu'vn homme malheureux eſtendant ſes cruelles preuoiances à l'auenir, & ſe ſouuenant de ſa regle, que le droict de ſe defendre comprend tout ce qui eſt neceſſaire pour ſe mettre à couuert de toute iniure, ne craîndra pas de les eſtouffer dans le berceau, de peur que deuenus grands ils ne luy portent dommage: La pauureté n'exemptera pas de peril ceux qu'elle preſſe, puis qu'vn cheueu meſme à ſon ombre, & qu'il n'y a point de fortune ſi reſſerrée, ni de vie ſi chetiue, dont on ne puiſſe craindre & receuoir quelque offenſe. Tous ceux que la rencontre, l'election, ou la neceſſité aura rendu Miniſtres & inſtrumens, ou ſeulement ſpectateurs & teſmoins de quelque meſchante action, ou depoſitaires de quelque mauuaiſe intention, & deſſein, quoi qu'ils n'y ayent pas conſenti, quoi qu'ils y ayent reſiſté, quoi qu'ils en ayent empeſché l'execution, ſont abandonnez à la barbare diſcretion & volonté de ceux, qui ſeront perſuadez que tout leur eſt permis pour ſe garder de toute iniure, & penſeront ne pouuoir eſtre entierement deliurez d'infamie & de peine, ſinon en exterminant & mettant hors du monde celui, qui aura quelque connoiſſance de leurs crimes. Ceux qui donneront de la crainte ne ſeront pas aſſeurez, & auront plus ſuiet de craindre, puis que la meſme doctrine, qui donne licence de tuer, pour preuenir vne mauuaiſe parole, permet à plus forte raiſon de tuer pour euiter la mort. Tout ſera plain de ſoupçons, de craintes, & de dangers reciproques. Le ſeruiteur, le maiſtre, le voiſin, l'ami, le parent, la femme & le mari, tous ceux qui ſont le plus eſtroitement liez enſemble par la couſtume, par la fortune, par la raiſon, par la loy & religion, ceux qui ſe doiuent entr'aimer, comme leur propre vie, ſeront en perpetuelle apprehenſion & deffiance, & craindront dauantage la mort des mains les vns des autres, qu'ils connoiſtront plus intimement, & particulierement les actions, les paroles, les penſées, les mœurs & inclinations vitieuſes les vns des autres. Il n'y a perſonne, qui viue auec tant d'innocence, & de vertu, qui ſoit exemt de toute imperfection & defaut, qui n'ait quelque choſe à reprendre & à cacher ; perſonne, qui regle & compaſſe ſa vie & ſes deſſeins auec tant de iuſteſſe, qu'vn autre ne ſe puiſſe imaginer, qu'il luy fait preiudice ou luy peut faire tort. Mais le danger ſera infiniment plus grand & plus proche de ceux, qui ſeront plus redoutez & plus puiſſans. Plus les hommes ſeront eleuez par leur condition au deſſus du commun, Magiſtrats, Gouuerneurs, Miniſtres d'Eſtat, & Princes ou Souuerains; plus la conſcience, la raiſon & la religion les ſollicitera, & les rendra ſoigneux de s'acquiter de leurs charges; plus ils donneront de mécontentement, & de terreur aux meſchans, ils attireront ſur eux plus d'inimitiés & d'enuies, & ſeront plus exposez au glaiue & au poiſon. Au reſte, la crainte de la perte, celle de l'infamie & de la punition, l'animoſité, la haine, les autres mouuemens vicieux, guides inconſiderez & perpetuels boureaux des

meſchans, auoient aſſez de pouuoir pour les precipiter en toute ſorte d'iniuſtice. Il n'eſtoit pas beſoin que le Docteur Ieſuite employaſt ſes raiſons & ſon authorité pour aiguiſer leur malice, & animer leur rage contre les gens de bien. Que ſi cette Eſcole eſtoit XVIII
aſſez malheureuſe pour perſuader à tout le monde ce qu'elle enſeigne publiquement, & ſi la lumiere, que Dieu a allumée dedans toutes les ames raiſonnables, pour leur faire diſcerner la Iuſtice d'auec l'iniquité, eſtoit tellement eſteinte, que l'on peuſt vniuerſellement conſentir à cette cruelle Theologie; les deſerts & les foreſts ſeroient preferables aux Villes, & il vaudroit mieux conuerſer auec les lions & les tigres, qui n'ont que leur impetuoſité, & leur armes naturelles, qu'auec les hommes, qui

outre la violence, que leur impriment leurs passions, outre tant de differentes sortes d'armes, qu'ils ont inuentées pour abreger la vie, que la nature nous a donnée de si peu de durée, seroient encore instruits par cette doctrine des demons, à dissimuler & à feindre, à contrefaire les seruiteurs & les amis intimes, afin de tuer plus facilement auec impunité. Et si on iugeoit des actions des Iesuites selon ces inhumaines instructions, si on les estimoit capables de pratiquer ce qu'on enseigne en leurs Colleges, & d'employer le fer & le poison pour se défaire de ceux, qui pourroient offenser la gloire ou trauerser les grands desseins de la Societé, pour oster de ce monde ceux qu'ils estimeroient leur vouloir rendre de mauuais offices, & porter preiudice aupres des Iuges, des Magiſtrats, & des Rois: n'obligeroient-ils pas les hommes à s'vnir tous enſemble, pour eſtouffer vne ſi pernicieuſe ſecte, comme vn embraſement, qui ſeroit preſt à conſumer tout le monde?

Les Payens s'eleueront en iugement contre ces abominables Docteurs, puis que ſans auoir eſté éclairez par noſtre ſaincte Religion, ni par les exemples d'humilité, douceur, & patience admirable de Ieſus-Chriſt; ils ont toutesfois recogneu, qu'il valoit mieux ſouffrir l'iniure, perdre ſes biens, ſes enfans & ſa vie, que de faire tort & iniuſtice à vn autre; Il y en a meſme, qui ont laiſſé par écrit, qu'il eſtoit plus à propos de ſouffrir l'iniuſtice, & n'y reſiſter pas, que de s'efforcer & mettre en peine de la repouſſer: & leur Socrate, qui n'euſt pas voulu donner à ſes XIX.

calomniateurs vne partie du breuage mortel, qu'on luy fit prendre, condamnera deuant Dieu ceux, qui se disent Docteurs du Christianisme, & qui proposent vne doctrine que nous ne pouuons pas appeller Payenne, puis que les Payens la rejettent, & qui est aussi demoniaque, comme la fureur & la vengeance, l'iniustice, la violence, & la fraude, sont contraires à l'esprit de Iesus-Christ, & propres à celuy qui estoit homicide dés le commencement. On

XX. auroit peine à croire, qu'il se fust trouué vn Professeur en Theologie qui l'eust publiée en explication des commandemens de Dieu; on nous accuseroit de calomnie, si nous parlions sans preuue & sans acte public. Et ne faudroit pas attendre, que les Iesuites fussent plus fauorables à la verité, qu'à la

Iustice:

Iuſtice: & qu'ils traittaſſent auec plus de modeſtie & de reſpect le commandement de Dieu, qui condamne les faux teſmoignages & les menſonges, que celuy qui met la vie des hommes en ſeureté en defendant le meurtre. Si leurs Docteurs de cas de conſcience n'ont pas horreur du fer & du poiſon; ils ne feroient-pas grand ſcrupule, pour euiter la haine publique de deſaduoüer ce qu'ils auroiēt auancé. La ſource des equiuoques n'eſt pas tarie; ils ſçauent s'accommoder au temps, & nier en vn lieu ce qu'ils confeſſent en vn autre: Comme nouuellement ils ſe sont declarez en Flandres autheurs des pernicieux libelles contre les Cenſures du Clergé de France, de Monſeigneur l'Archeueſque, & de la Faculté des Theologiens de Paris, qui ont eſté fortement refutes par

le ſçauant & deuot Aurelius, grande lumiere & honneur de noſtre âge ; & ſe ſont declarez apres qu'ils auoient proteſté par acte ſolemnel à Meſſieurs les Eueſques,
23. Mars 1643. que ces libelles n'eſtoient point ſortis de leur Societé. S'ils ont menti aux Eueſques, qui tiennent en l'Egliſe la place des Apoſtres, eſquels le Sainct Eſprit reſide plus particulierement, puis qu'il ſe communique plus efficacement & pleinement par l'impoſition de leurs mains, & par leur miniſtere: N'eſperons pas, que pour edifier l'Egliſe, & reparer leur fautes publiques, ils les confeſſent publiquement. Ils nous reprocheroient pluſtoſt, que nous leur impoſons vne doctrine, qu'ils n'ont pas enſeignée, ſi pouruoyans au bien, non ſeulement en preſence de Dieu, mais auſſi deuant les hom-

mes, nous ne produisions des preuues authentiques des escrits, qu'ils ont publiez & dictez en leurs Classes.

XXI. Ils ne pourront pas dire que nous offensons la charité en defendant la verité Chrestienne, ni se plaindre auec raison de ce que nous exposons en public les dogmes, qu'ils enseignent publiquement dans le plus celebre College de leur Ordre. Ils les publient, afin de les establir & faire croire : Et nous les produisons & monstrons leur deformité, pour les faire abhorrer comme des monstres abominables. Ainsi les Peres & Docteurs des Chrestiens ont refuté diuerses heresies, & ont creu que c'estoit puissamment les conuaincre, que de les exposer à la veuë de l'Eglise. Pour fauoriser & espargner les Iesuites, pourrions-nous endurer, ſans donner auis qu'on s'en garde, qu'à noſtre veuë l'on vendiſt des ſerpens pour des poiſſons; on donnaſt du poiſon pour du pain; que pour nourrir on fiſt mourir; que les loups entraſſent en la bergerie ſous des veſtemens de brebis; que Satan fuſt caché ſous la figure d'vn Ange de lumiere; & que pour doctrine Chreſtienne on en propoſaſt vne diabolique contre la vie & le ſalut de tous les hommes. Noſtre complaiſance aux Ieſuites nous feroit leurs complices. Noſtre ſilence nous rendroit criminels des empoiſonnemens, des meurtres, des troubles & guerres ciuiles, que ces funeſtes enſeignemens peuuent produire; & nous aurions à rendre compte à Dieu d'auoir trahi ſa verité, & de l'auoir tenuë iniuſtement captiue, ſous la crainte de fascher les Iesuites, & serions coupables de leze Maiesté humaine, de ce que mesprisans les Ordonnances & commandemens de nos Rois, portez en leurs Lettres patentes, nous aurions par nostre negligence laissé prendre cours & forces à des instructions contraires à la saine doctrine, au bien & repos de leurs peuples, & à la seureté de leurs Estats, & de leurs vies.

Satisfaisons donc au deuoir de XXII
nostre profession, & acquittons l'obligation de nostre conscience & des Loix; resistons à la naissance & à l'accroissement des mauuaises doctrines, & ne craignons point pour obeïr & à Dieu & au Roy, d'encourir la disgrace & haine des Iesuites. Suiuons la piste de leur Theologien, & comme incontinent apres auoir mis en danger la vie de tous les hommes, il

traitte de celle des Rois, passant d'vne proposition generale à vne particuliere; & apres auoir establi vn droict selon sa fantaisie, de tuer & faire toutes choses necessaites pour se garantir de toutes iniures; il vient de suite & sans auoir meslé d'autres discours, à demander s'il est permis de tuer celuy qui abuse de l'authorité legitime de regner; faisons voir, qu'il n'est pas plus equitable aux Princes Souuerains, qu'au reste du genre humain; & que sa seconde proposition n'est pas moins preiudiciable à tous les Rois, que la premiere l'est à tous les hommes du monde. Les Iesuites, & ceux qui n'ont esté nourris qu'en leurs Escoles, seront peut-estre surpris de ce que nous auons auancé; & comme ils n'ont rien appris ni leu dans leurs Autheurs de plus auantageux aux Rois, que la reſolution de leur Caſuiſte, ils pourront s'eſtonner, qu'on les accuſe de violer la Maieſté des Rois, de mettre leur vie en danger, & leurs Royaumes en proye, lors qu'ils parlent & enſeignent en faueur des Princes Souuerains le plus dignement & magnifiquement, que leur Theologie leur puiſſe permettre.

Preuenons leurs plaintes, & demandons d'abord, & laiſſons iuger à tout le monde, s'il eſtoit à propos à vn Docteur de cas de conſcience, en expliquant les commandemens de Dieu, de propoſer comme vne choſe douteuſe; ſçauoir s'il eſt permis de tuer les Rois, qui abuſent de leur authorité? d'où cette malheureuſe & impertinente queſtion? Pourquoy n'a-il pas auſſi-toſt demandé, s'il eſt permis aux diſciples de faire XXIII

mourir le maiſtre, qui les enſeigne
XXIV. mal? & aux enfans de maſſacrer leur pere, qui abuſe contr'eux de ſa puiſſance? Mais ſi le Ieſuite a failly par imprudence, mettant en queſtion ce qui n'eſt point en controuerſe; il a peut-eſtre promtement reparé cette faute, en oſtãt promtement le doute, & reſpondant preciſement, à l'auantage des Rois. Examinons les termes de la queſtion, & les raiſons de la reſponſe, d'où nous reconnoiſtrons l'intention de l'Autheur, & tirerons les ſentimens des paroles, eſquelles il les a expreſſement cachez. Apres auoir demandé, s'il eſt permis, & permis à vn chacun de tuer celuy, qui a l'authorité legitime de regner, & en abuſe à la ruine du peuple: Ce mal-heureux Sophiſte en reſpondant que non, ne fait-il pas entendre, que ce qui

n'eſt pas permis à vn chacun, eſt permis à quelqu'vn ? Et ce mot d'vn chacun a-il pas eſté mis à deſſein pour laiſſer la conſequence de ce qui eſt permis à quelqu'vn ? Ainſi quand nous diſons, qu'il n'eſt pas permis à chacun de faire des ordõnances, d'interpreter les loix, de porter & manier les armes, d'enſeigner en public, nous donnons à cognoiſtre, que quelqu'vn a droit & pouuoir de faire ce qui n'eſt pas loiſible à vn chacun. Mais nous ne diſons point, qu'il n'eſt pas permis à vn chacun de cõmettre adultere, de violer ſa foy, de trahir ſa patrie & ſes amis, & en vn mot la couſtume, le ſens commun, & la raiſon ne ſouffre pas qu'on diſe, qu'il n'eſt pas permis à vn chacun de faire ce qui abſolument n'eſt permis à perſonne. Et l'on ne peut pas dire que ces termes, il n'eſt pas permis, & il eſt defendu à vn chacun, ſoient de meſme force & valeur, qui ſont tout au contraire d'vne ſignification differente ; puis que la premiere façon de parler porte ſon exception auec elle ; l'autre n'en ſouffre point: puis que ce qui eſt defendu à vn chacun, n'eſt permis à perſonne, & que ce qui n'eſt pas permis à chacun, peut eſtre permis à quelqu'vn. Nous nous arreſtons trop long-temps à vne choſe trop claire, la fin s'accorde au commencement du diſcours, le raiſonnement à la proportion; & le Ieſuite n'a pretendu prouuer autre choſe par ſa raiſon, ſinon que chacun n'a pas droict comme il auoit propoſé, à ſçauoir, ſi vn chacun a droict, ou s'il eſt permis à chacun.

XXIV. Venons à vne autre remarque, & conſiderons à quel deſſein le

Iesuite mettant la vie des Rois en question, en a supprimé le nom, n'en espargnant pas la vie a espargné le mot, & n'a pas nettement proposé, s'il est permis de tuer les Rois ou Princes Souuerains, quand ils abusent de leur pouuoir à la ruine des peuples. S'est-il representé qu'il enseignoit dans le mesme College, d'où sa Societé auoit esté chassée, comme du reste du Royaume, pour y auoir escrit & enseigné des doctrines funestes à nos Rois? ou bien, qu'il dictoit ses pensées à des François, nés dans la plus iuste & plus ancienne Monarchie de l'Europe, & qui reuerent & aiment plus leurs Princes, que nation du mõde, qui eussent esté saisis d'horreur, s'il leur eust cruëment proposé, sçauoir, s'il est permis à vn chacun de tuer les Rois? Ie veux qu'il y ait eu de la crainte d'émouuoir les eſprits & d'exciter la diligence des Magiſtrats, qu'il y ait eu du deſſein de faire couler plus doucement & plus ſeurement ſa doctrine en la déguiſant & en changeant les termes. Il y a quelque choſe de plus pernicieux, qui n'eſt point ſi caché dans l'embarras & ambiguité des paroles affectées, qu'on ne le tire bien aiſément au iour. Il ne demande pas ſimplement, ſçauoir s'il eſt permis à chacun de tuer ceux qui regnent, ni ceux qui ont l'authorité de regner, mais ſeulement ceux, qui ont l'authorité legitime de regner, afin qu'ayant reſolu, qu'il n'eſt pas permis à chacun, de faire mourir ceux, qui ont l'authorité legitime, il laiſſe à croire, qu'il eſt permis à vn chacun de tuer celuy, qui regne ſans authorité legitime : comme nous auons veu cy-deuant, que ſelon ſa doctrine, il eſt loiſible à quelqu'vn de tuer ceux, qui ont l'authorité legitime & en abuſent. Il permet à quelqu'vn de tuer les Rois legitimes qui abuſent de leur puiſſance, & à chacun ceux qui ne ſeront pas legitimes. Ainſi de tous coſtez la vie des Rois eſt expoſée à la furie des ſcelerats par cette deteſtable doctrine: Pour eſtre legitimes, ils ne ſont pas plus aſſeurez; s'il eſt poſſible, ce qui n'eſt que trop ordinaire, qu'vn homme abominable ſe mette en l'imagination, que ſon Roy n'eſt pas legitime, ou n'a pas vne authorité legitime.

Interpretons les paroles d'vn Ieſuite, par la pratique & les actiõs des Ieſuites. L'an 1594. la Ville de Lion s'eſtant rangée en ſon deuoir, & en l'obeïſſance de Henry quatriéme, d'heureuſe & eternelle XXVI

Literæ Societatis Iesu annorum 1594 & 1595. editæ superiorum permissu Neapoli, an. 1604. tit. Sociorum Lugdunensiũ proscriptio pag. 265. postero ac sequẽtibus diebus adolescẽtulos gymnasium nostrum frequẽtantes indignis modis diuexabãt, mortem intentato gladio & incẽdia minabantur, nisi faustam Regi fortunã precarentur; sed mira in tã acerbâ iniuriâ constantia puerorũ fuit, cum ab eis aliud nihil extorquerẽt, nisi, quod vnum ipsi docueramus, debere vnũquemque Regem suum reuereri; sed quis legitimus sit Rex, Pontificis esse declarare.

memoire, venu à la Couronne par vne succession legitime, suiuant les loix fondamentales du Royaume, les Iesuites y entretenoient encore leurs disciples en la rebellion, & leur faisoient entendre que le Roy n'estoit point legitime; leurs lettres en font foy, telles qu'eux-mesmes les ont fait imprimer, par lesquelles ils loüent, comme vne heroïque vertu, l'opiniâtreté des enfans leurs disciples, qui refusoient de prier Dieu pour le Roy, & ne respondoient autre chose à ceux qui les y vouloient contraindre, mesme en leur presentant l'espee nuë, mesme en les menaçant de les ietter au feu; sinon ce qu'ils auoient appris des Iesuites leurs maistres, qu'il faut bien reuerer son Roy, mais que c'est au Pontife Romain à declarer qui est Roy legitime. Si de petits enfans animez de l'esprit des Iesuites, qui font gloire de leur action comme de quelque miracle, & d'vn effect prodigieux de leur doctrine, sont venus à ce point d'obstinatió, d'aimer mieux estre tuez, estre bruslez tous vifs, que de prier Dieu pour leur Roy naturel & legitime, que les Iesuites leur auoient dit n'estre pas legitime : Que feront en la vigueur & force de leur âge, ceux qui seront imbus de la mesme doctrine, sinon ce que Barriere & Chastel ont furieusement entrepris, & ce que l'abominable Rauaillac à malheureusemét executé? Les destours & les subtilitez des Iesuites coustent trop à la France, & à tout l'Vniuers. Ils combattoient à Lion contre l'honneur & le seruice du Roy, par la distinction de legitime. Leur Theologien moderne choiſi de leur Societé pour enſeigner à Paris les cas de conſcience, ſe ſert des meſmes armes & du meſme deteſtable artifice, & met tous les Princes Souuerains en danger, en feignant d'aſſeurer la vie de ceux, qui ont, ainſi qu'il parle, vne authorité legitime, & qui n'en abuſent pas.

XXVII. Apres auoir examiné les termes, & remarqué leurs dangereuſes conſequences, paſſons à voir ſur quels appuis & fondemens le Ieſuite eſtablit ſa doctrine, qu'il n'eſt pas permis à vn chacun de tuer ceux, qui ont l'authorité legitime de regner & qui en abuſent. Il apporte l'authorité d'vn Concile general, & vn raiſonnement tiré des Theologiens de ſon Ordre. La deciſion du Concile oblige la creance de tous les Chreſtiens, & eſt vn fondement aſſeuré,

que

que les puissances & les portes d'enfer ne pourront esbranler; & nous receuons la determination du Concile de Constance, auec le respect & soûmission que nous deuons à la voix & resolution de toute l'Eglise. Qui a-il donc à dire, puis que le Iesuite propose vne authorité si puissante & qui prouue beaucoup plus pour mettre la vie des Souuerains en seureté, que le Iesuite n'a proposé, ni pretendu prouuer: Si quelque autre Theologien nous apportoit ce Canon du Concile, nous pourrions croire qu'il agiroit de bonne foy. Les presens des personnes suspectes ne peuuent estre receus sans soupçon. On ne doit pas receuoir sans scrupule & sans grande consideration, ce que les Iesuites proposent des Conciles, & en faueur des Rois. Quelle estime peut faire des Conciles cette Societé, qui fait vn si manifeste mespris des Prelats de l'Eglise, & qui ne conte pour rien les Euesques, de l'assemblée desquels les Conciles generaux sont composés? On a condamné leurs escrits, qui tendoient à la ruine entiere de l'Hierarchie, & de l'ordre estably par Iesus-Christ N.S. en son Eglise, & a oster & abolir, le nom & la fonction des Euesques, sans lesquels il n'y auroit point de Conciles: Paris a veu depuis trois mois en çà l'immodestie auec laquelle ceux de cette Societé faisant publiquement prescher en leur superbe Temple de S. Louis, contre l'esprit de Penitence exposé dans le liure de la Frequente Communion; ils ont foulé aux pieds les Ordres de Monsieur l'Archeuesque de Paris, qui leur comman-

doit le ſilence, & l'authorité des Eueſques, qui auoient donné des eloges au liure, & deſiré, que la doctrine, qu'il contient, fuſt auſſi communément pratiquée par les Fideles, comme elle eſt ſaincte & neceſſaire. On ſçait qu'ils ſont venus à ce haut point d'inſolence, que d'oſer dire, qu'on ne ſe deuoit point émouuoir de l'authorité des Prelats Approbateurs du Liure; puis qu'on auoit veu le temps, où de quatre ou cinq cens Eueſques aſſemblez, à peine s'en eſtoient trouuez deux ou trois, qui euſſent refuſé de ſouſcrire à la doctrine des Heretiques. Quelle creance peuuent auoir aux Conciles, qui proprement ne ſont compoſez que d'Eueſques, ceux, qui décrient ſi publiquement & vniuerſellement les Eueſques? Mais
XXVIII outre ce meſpris des Eueſques, qui

monstre euidemment le peu d'estat, que les Iesuites font generalement des Conciles, ils mesprisent encore particulierement celuy de Constance, & leur Pere Coton, encore qu'incontinent apres la mort de Henry le grand, pour s'accommoder au temps, où les esprits estoient plus irritez contre la funeste doctrine des Iesuites, qui venoit de produire ce cruel parricide, il eust donné des loüanges à ce Concile dans vn escrit volant, il l'a toutesfois aboli & l'a osté, autant qu'il a osé par vn malicieux silence du nombre des Conciles generaux, en ne le comprenant point, lors qu'en son gros liure de l'Institution Catholique, il nomme les Conciles vniuersels. Mariana parle plus librement, & ne peut approuuer ce Concile, *pour auoir esté celebré*, ce dit-il, *non sans*

Lib.1. de Rege & Regis institutione cap. 6 moueat forsassis ad extremũ, quod à Patribus Cõcilij Constantiensis Sess. 15. reprobatum est tyrannum posse & debere occidi à *mouuement de l'Eglise, durant vn schisme de trois Pontifes, qui contestoient de la Papauté.* Il ne reprouue pas seulement ce Concile, mais il reiette encore nommément le Canon de la Session 15. qui defend de tuer les Tyrans, & le reiette pour vne raison, que sa Societé ne desapprouuera point, par ce qu'il ne trouue pas, *que le Pape Martin V. ou bien Eugene, ou que leurs successeurs l'ayent approuué.* Les Conciles sont en la main de ces Theologiens, ainsi que des jettons, qu'ils font valoir ce qu'ils veulent, ou plustost comme de l'argille dans la main du Potier, dont ils feront des vases d'ignominie ou d'honneur, ainsi qu'il leur plaira, ou qu'il leur sera commode. Ne se moquent-ils pas insolemment de tout le monde, & se joüent de la vie des Rois, comme les enfans de leurs noix &

quocumque subdito non aperta vi modo, sed etiam per insidias & fraudes. Verum id decretum Martino Pontifici probatum nō inuenio, non Eugenio aut successoribus, quorum consensu Cōciliorum Ecclesiasticorum authoritas stat, eius præsertim, quod non sine Ecclesiæ motu tricipiti Pontificum dissidio de summo Pontificatu contendentiūm, celebratum fuisse scimus.

des cartes, dont ils bastissent des chasteaux, & les destruisent selon leur fantaisie? Pour preuue d'vne doctrine, qui touche la conseruation des Rois, & la tranquillité du monde, ils posent des fondemens qu'ils ruinent eux-mesmes, & mettent pour soustenir vn edifice necessaire à tout l'vniuers des colonnes, qu'ils renuersent, quand ils veulent, ainsi que des Sansons, pour accabler sous sa ruine des nations entieres.

XXIX. Outre ces traits de finesse & de mauuaise foy, nostre Docteur de cas de conscience ne fait pas conscience de gaster & corrompre par vne fausse interpretation la saincte determination du Concile. Le Concile condamne toutes les entreprises, que sous pretexte d'oppression & de tyrannie, on pourroit former contre les

Rois & Princes. Le Iesuite resserre la decision du Concile, & la defense de tuer quelque tyran que ce soit, & la restraint à vn Prince qui abuse de son authorité legitime. Le Concile ne condamne pas seulement la proposition, que le Iesuite rapporte, mais monstre aussi manifestement, qu'il abhorre & deteste toutes les autres semblables maximes d'erreur, qui tendent à souleuer les sujets, & à renuerser toute police & ordre des Estats. Cependant en mesme temps que le Iesuite debite vne doctrine aussi preiudiciable aux Rois, & aux Estats, que celle-là mesme, que le Concile a nommément condamnée; Il tasche à faire croire qu'il est de l'auis du Concile; comme si le Concile estoit de son auis, & approuuoit le mespris du serment, le violement de la foy, le souleuement des ſujets, le renuerſement des Royaumes, les crimes & les maux infinis, qui ſont authoriſez par le raiſonnement du Ieſuite.

XXX. Voilà ſa probité & fidelité en citant les Canons: Conſiderons à preſent la force de ſa raiſon auſſi peu raiſonnable, que nous auons recogneu cet Autheur peu fidele en ſon rapport & explication du Concile. Son ſentiment paroiſt entier dans ſon raiſonnement. Repetons ſes paroles; *La raiſon, pour laquelle il n'eſt pas loiſible à chacun de faire mourir celuy, qui abuſe à la ruine des peuples de ſon authorité legitime de regner, eſt*, ce dit le Ieſuite, *par ce qu'il eſt permis de tuer les mal-faicteurs, en tãt ſeulement qu'on iuge, qu'il eſt expedient & conuenable au bien public, qu'on les faſſe mourir: Il appartient donc ſeulement à celuy, à qui le ſoin du bien commun a eſté commis, & par conſequent à celuy-là seulement qui a l'authorité publique, tel que n'est pas chaque particulier.* Quelle preuue est celle-cy? Quelle raison contraire à toute bonne raison? Quel desordre & déreglement? Quelle confusion de tout ordre & police? Conclure de la punition des mal-faicteurs celle des Rois legitimes? Ne mettre point de difference entre les Princes Souuerains & les particuliers, qui commettent des crimes? Donner aux Rois les mesmes Iuges, qui peuuent punir les violences & fraudes de leurs sujets; establir dedans les Royaumes des Tribunaux au dessus des Rois, pour les deposer & punir de mort, rendre les Rois responsables à leurs Officiers, Iusticiables, & Sujets de leurs propres sujets: N'est-ce pas briser leurs sceptres, fouler leurs Couronnes aux pieds, les arracher du thrône de leur Souueraineté, pour exposer leurs personnes sacrees aux fers, aux prisons, aux eschafaux, aux roües, à la main du boureau, & aux furieuses entreprises des assassins, apres qu'ils auront esté condamnez par vn pretendu iugement de leurs sujets reuoltez? N'est-ce pas rendre leur condition, que Dieu a releuée à ce degré de ne dépendre que de luy, & d'estre independants de toute autre puissance, la rendre, dis-ie, plus miserable, que celle de tous les autres hommes, & d'autant plus exposée aux condemnations & aux supplices, que leur deuoir est infiniment plus estendu, & sans comparaison plus difficile que celuy des particuliers; & qu'ils sont plus en bute à la haine, à l'enuie, & à diuers mécontentemens de tant de milliers d'hommes, qui sont sous leur obeïſſance?

Se peut-on rien imaginer de plus dangereux & preiudiciable aux Princes Souuerains? il y a quelque choſe de plus abominable, ſi les ſuiets mécontens ſe r glent par la formule du Ieſuite, qui porte; *que le droict de ſe defendre s'eſtend à tout ce qui eſt neceſſaire pour ſe mettre à couuert de toute iniure.* Si la concluſion du Ieſuite donne pouuoir à chaque particulier de tuer en cachette celuy, lequel il ne pourroit pas autrement empeſcher de parler à ſon deſauantage: quel particulier inſtruit en cette Eſcole conſulteroit les Magiſtrats, où attendroit des aſſemblées de Iuges, pour entreprendre ſur vn Roy, de la colere duquel il craindroit ſa ruine, ou celle de tout le peuple? Le Ieſuite auoit-il oublié ce qu'à l'inſtant meſme il auoit taſché de XXXI prouuer? On aura peine à croire, qu'il ait la memoire ſi courte & ſi mauuaiſe. L'on iugera plus vray-ſemblablement, qu'il a traité ces deux queſtions conioint ement, afin que l'vne ſeruiſt à l'autre, & que la Theſe generale de tous les hommes s'appliquaſt & fuſt rapportée à la particuliere des Princes Souuerains; & qu'apres auoir reſolu, que le droict naturel permet à vn particulier de tuer, pour preuenir vne offenſe, il donnaſt viſée aux ſujets d'auoir recours à ſon droict pretendu de tuer pour ſe mettre à couuert de toute iniure, ſi dedans vn Royaume il ne trouuoit point de ſujets qui vouluſſent iuger de la vie de leur Roy. Quelle qu'ait eſté l'intention du Ieſuite; elle n'importe pas à ſa doctrine, qui eſt touſiours la meſme, ſeditieuſe, cruelle, ennemie de tout ordre & police, & de la Royauté, & aſſujettiſſant les Rois legitimes, non plus au iugement, mais aux aſſaſſinats & empoiſonnemens, non ſeulement aux mécontentemens des grands, & aux aſſemblées des rebelles faites en forme de Iuſtice, mais generalement à tous les particuliers qui viuent en leurs Eſtats, & plus vniuerſellement encore à tous les hommes, qui pourront craindre quelque offenſe de leur gouuernement.

Si l'on enſeignoit ces pernicieu- XXXII
ſes & deteſtables opinions en quelque coin du mõde hors du Royaume, il faudroit boucher toutes les auenuës, de peur qu'elles ne vinſſet corrompre l'ancienne fidelité des François vers leurs Rois. Vn Theologien les monſtre publiquement comme des maximes receuës dans

la morale Chreſtienne, approuuées par les Conciles generaux, & les publie dans le cœur de la France, dedans Paris, à la veuë de l'Vniuerſité, aux yeux du Parlement, à la face du Roy, comme ſi l'Vniuerſité approuuoit maintenant, ce qu'elle a touſiours refuté; ſi le Parlement receuoit ce qu'il a touſiours condamné; & ſi le Roy authoriſoit les damnables inſtructions, qui ont porté pluſieurs de ſes predeceſſeurs au cercueil, & ont reduit ſouuentesfois la France au point de ſa ruine. Les Ieſuites aiment-ils tant leurs vieilles maladies, ſont-ils ſi éperduëment amoureux & idolâtres de leurs opinions, qu'apres tant de leurs liures cenſurez & bruſlez, tant de punitions, que les particuliers & le corps de leur Ordre ont iuſtement receuës; mais apres tant de particides de Rois, tant de ſang reſpandu, de guerres ciuiles, de m ſ:res publiques, ils ne ſe puiſſent abſtenir de traitter ſelon leur ſens la malheureuſe queſtion de tuer les Rois; & qu'ils l'enſeignent à leur mode dedans Paris, & dans le meſme College, dont ils auoient eſté chaſſez pour la meſme doctrine? Car il ne faut point diſſimuler ce qui paroiſt trop manifeſtement, ni charger vn particulier Ieſuite du blâme, que merite toute ſa Compagnie, qui l'a choiſi de rout ſon Corps pour enſeigner en public dans la premiere de toutes ſes Eſcoles. C'eſt vn particulier, qui expoſe en Docteur les ſentimens de toute ſa Societé, les fait gliſſer auec authorité de Maiſtre dans la creance des Sujets du Roy ſes auditeurs, & qui n'enſeigne rien touchant la vie des Rois, qu'il n'ait pris & puiſé dans les eſcrits des Theologiens de ſon Ordre, qui conſpirent d'vn merueilleux accord pour eſtablir ces dogmes furieux.

XXXIII. Ils enſeignent vniuerſellement, que de deux ſortes de Tyrans vſurpateurs, ou qui abuſent de l'authorité legitime, il eſt permis à vn chacun de tuer les premiers, ſans attendre qu'ils ſoient condamnez, qu'il faut que les ſeconds ſoient pluſtoſt condamnez par celuy ou par ceux, qui ont la charge du bien commun & ont l'authorité publique, ſelon la ſentence deſquels le Prince condamné doit eſtre executé. Gregoire de Valence, François Suarez, [a] François Tolet, [b] Louis Molina, [c] Leonard Leſſius. [d] Emmanuel Sa, [e] Sebaſtien Heiſſius, [f] Iacques Gretſer, [g] Martin Becan, [h] les plus celebres Eſcriuains Ieſuites, & gene-

[a] In lib. defenſ. fid Cath.
[b] Lib. 5. ſummæ ca. 6.
[c] Tom. 4. tract 3. diſp. 6.
[d] Libr 2. de Iuſt. & iure ca 2 dub 4
[e] Lib. Aphor verbo tyrannus.
[f] In declara. Apologeticâ ad Aphoriſmos Ieſuitarum.
[g] in Veſpertilione hæretico § 15 16. 17.
[h] Reſponſ. ad 9. Aphoriſ. & in controuerſia Anglicana.

generalement tous ceux de cette Societé, qui ont pris plaiſir à remuer cette queſtion, & à mettre la vie des Rois en controuerſe, ſe ſeruent des meſmes armes, employent le meſme raiſonnement, & corrompent ou nient la meſme authorité du Concile de Conſtance. Il ſeroit importun de rapporter tous leurs paſſages. Qui en aura veu ſeulement vn, aura veu tous les autres. Gregoire de Valence ayant reſolu nettement, qu'il eſt permis à qui que ce ſoit, de tuer vn Tyrã, qui aura vſurpé le Royaume, adiouſte; *C'eſt pourquoy lors que par le Concile de Conſtance Seſsion 15. il eſt defendu aux particuliers de tuer vn Tyran, il le faut entendre d'vn Tyran, qui vſe mal en gouuernant l'Eſtat, de ſon authorité legitime. Car il y a meſme raiſon pour celui-là, que pour les autres malfaicteurs, qui peuuent ſeulement eſtre*

Tom. 3. diſp. 5. quæſt. 8 comment. in S. Thomam

Quando in Cõcilio Conſtant. Seſſ. 15. prohibentur particulares occidere Tyrãnum, intelligendum eſt, de tyrãno per prauum legitimę alioquin authoritatis vſum in gubernando: de hoc enim eadem eſt ratio atque de aliis malefactoribus, qui ſolũ per publicam poteſtatẽ puniri poſſunt.

punis par l'authorité publique.

XXXIV. Ils ſouſmettent les Rois aux Iuſtices publiques, qui ont droict de punir les criminels ordinaires, & donnent à ceux, que la naiſſance, le ſerment & la Religion aſſujettit aux Rois, vne ſouueraine puiſſance d'ordonner de la ſouueraineté, de la fortune & de la vie de leurs Rois. Les peuples ſouleuez feront des aſſemblées; les grands mal-ſatisfaits donneront leurs voix & ſuffrages pour vanger leurs méçontentemens; les criminels qu'on aura voulu chaſtier, iugeront de leurs Iuges; les ſeditieux & rebelles condamneront leur Prince & leur Seigneur; & ces confuſions & deſordres horribles ſe pourront faire en bonne conſcience, & l'authorité des Ieſuites rendra ces eſpouuentables crimes des actions iuſtes & legitimes.

Ces Iuges eſtablis deſſus les Souuerains auront-ils donné leur ſentence de priuation du Royaume, ou de mort, ou ſeulement declaré, que le Prince a commis le crime, qui ſelon leurs ordres pretendus meriteroit cette punition? Les Rois, diſent les Ieſuites, ne ſont plus Rois, mais ennemis publics: les attentats de leurs Suiets ne ſont plus des reuoltes, ni des actions criminelles, mais de iuſtes & legitimes entrepriſes. Il n'y a plus de vaſſaux, ni de ſuiets, non plus que de Souuerain & de Roy. Selon ce ſens les Ieſuites ſe transforment en Docteurs orthodoxes, abuſent la ſimplicité de ceux, qui ne les veulent pas cognoiſtre, & font entendre, qu'ils honorent les Rois; qu'ils ont en abomination les attentats & damnables entrepriſes, qui ſe font ſur leurs perſonnes ſacrées, XXXV.

Bellarmin, Becan, Leſſius, Suarez.

& ne ſont pas difficulté d'aſſeurer & ſigner, qu ils ſont d'accord auec tout le Clergé de France, & auec les Docteurs de Sorbone, touchant la doctrine, qui regarde les Rois. Ils iettent de la pouſſiere aux yeux du monde, & penſent eſchapper le reproche, qu'ils meritent, en preſentant au lieu d'vn corps ſolide vne fauſſe apparence, qui trompe les ſens, comme vn ſonge, qui n'a rien de vray, ſinon que c'eſt vn ſonge. Maiſtres de fraudes & d'equiuoques, qui reuerent les Rois, mais les Rois à leur mode, pendant qu'ils les eſtiment Rois, nó pas alors qu'ils les ont par leurs opinions deteſtables retirez de leurs thrônes, deſpoüillez du nom & qualite de Rois; non pas alors, qu'ils ne les iugent plus Souuerains, mais ſeulement perſonnes particulieres & priuées, & ennemis publics de leur Royaume. Ces clemens, ces misericordieux & charitables Theologiens, apres la condamnation, ont soin de l'execution, & la commettent à ceux, ausquels leurs Iuges pretendus en auront donné charge, ou mesme à chaque particulier, qui voudra mespriser sa vie & la sacrifier à vne mauuaise conscience & fausse persuasion de pieté & de seruir vn peuple, pour commettre vn execrable parricide, & assassiner l'Oint & Christ du Seigneur, son legitime Prince. C'est ainsi que par la main impie d'vn inhumain & furieux Clement, la France perdit Henry troisiéme, Prince tres-Catholique, sur le point, qu'il alloit entierement abbatre la rebellion, & rendre à son Royaume le repos, que l'ambition des grands, les factions & menées des estrangers, & la cre- XXXVI.

dulité des peuples luy auoient malheureusement osté. Et comme ce coup abominable, qui cousta tant de sang à la France, & la poussa bien prés de sa derniere ruine, auoit esté conduit & donné selon les inhumaines maximes de cette meurtriere doctrine, Mariana, qui les

Lib. 1. de Reg. cap. 6.

a tres-amplement expliquées, propose cette action barbare & enragée, comme vn exemple d'excellente vertu, digne d'eternelle loüange, & de l'admiration de tous les siecles. Robert [a] Bellarmin, & Gabriel [b] Vasquez Iesuites, l'ont pareillement admirée; leur Iean Guignard auoit expressément escrit pour l'approuuer, & exciter quelqu'vn à chercher la mesme loüange, en attentant sur Henry quatrieme, & appelloit cet execrable parricide, acte heroïque & dón du Sainct Esprit; disoit que ses

[a] Sous le nom de Mathæus Tortus.
[b] Tom. 1. com. in sanctum Thomam disp. 15. cap. 1.

Theologiens l'auoient ainſi nommé. Meſme les Ieſuites en ont curieuſement remarqué le iour, comme ſi Dieu auoit fait miracle en leur faueur, par ce qu'il arriua qu'au meſme iour, le ſage & iudicieux Mareſchal de Matignon les chaſſoit de Bordeaux, iugeant & connoiſſant à l'œil par leurs deportemens & pratiques qu'il eſtoit impoſſible de conſeruer la Ville en l'obeïſſance du Roy, pendant qu'ils y demeureroient.

Annuæ literæ Societatis Ieſu anni 1589 Tit. Collegiũ Burdigalenſe. Quo die nos Regis edicto Burdigala pellebamur, eo die Rex ipſe, qui eiixerat, vita depulſus eſt.

Enfin s'il n'y a point d'authorité publique, qui vueille choquer où condamner les Rois, ſeront-ils aſſeurez contre les entrepriſes des particuliers ? Les ſouuerains ne ſont pas ſi heureux, ny les Ieſuites ſi modeſtes, dont la maxime porte, que ſi l'authorité legitime d'vn Roy, qui en abuſe, eſt ſi puiſſante, que ſes ſuiets n'oſent pas s'aſſem-

XXXVII.

bler, pour le condamner & punir de ſes crimes, qu'il eſt permis aux particuliers de ſeruir l'Eſtat, & proceder contre le ſouuerain, comme contre vn tyran, qui auroit iniuſtement & violemment vſurpé le Royaume, contre la vie duquel ils demeurent d'accord, que chaque particulier a droit & pouuoir d'entreprendre. En vain les Souuerains tiendront par leur iuſtice & bonne conduitte leurs ſuiets en obeïſſance & leur Royaume en repos, & n'auront rien dedans ny dehors leurs Eſtats qui s'eſleue contre eux; leur vie n'en ſera pas plus aſſeurée, s'il eſt poſſible, qu'vn eſprit melăcholique s'imagine que le Prince opprime la liberté publique, & qu'il entreprend & commet ce qui meriteroit d'eſtre puny, & que perſonne n'oſeroit condamner. Dieu meſme ne contente pas tous les hommes en leur donnant ce qui leur eſt vtile, & n'y a point de Prince ſi ſage, ſi heureux, ny ſi neceſſaire à vn Eſtat, qui puiſſe accommoder tant d'intereſts, qui s'entrechoquent, ni ſatisfaire à tant d'humeurs & d'inclinations differentes, de iugemens diuers, de deſſeins contraires, de tant de perſonnes qui ſont en l'eſtendue de ſon Empire & Royaume. Donnant aux ſages & vertueux les charges, les gratifications & le rang, qu'ils meritent, il offenſe tous ceux qui ne leur reſſemblent pas, & qui leur portent enuie; chaſtiát les meſchás, il attire la haine de leurs ſemblables, dont le nombre ſurpaſſe touſiours celuy des gens de bien. S'il declare vne guerre, ou met vne impoſition neceſſaire pour la defenſe & conſeruation du Royaume; combien de mécontentemens

& de plaintes, non ſeulement des particuliers, mais des Villes & Prouinces entieres, qui ſentent auec douleur & ſouffrent à regret vne nouuelle charge; & ne conſiderent pas les neceſſitez de l'Eſtat, ni les miſeres, deſquelles ils ſont deliurez par ce qu'ils contribuent? En vne ſi grande multitude de mécontens, quels rauages peut faire la malheureuſe doctrine ennemie de Dieu & des Rois, à quels excés de crimes & d'horreur elle peut reſoudre & porter des ames foibles & noires, ſi on l'auoit auparauant ignoré, on n'en peut plus douter, apres l'aſſaſſinat horrible du Roy le plus puiſſant, le plus aimé & le plus redouté de ſon ſiecle, depuis que l'on a veu Henry quatriéme, l'amour de ſon peuple, & la terreur des ennemis de la France, finir miſerablement le bon-heur de ſon regne & sa vie par vn funeste effect de cette abominable doctrine.

Les Iesuites diront, qu'on leur impose cette derniere maxime; elle est en termes expres, & tres-intelligibles dans leur Mariana, que cette Societé n'a iamais condamné, qu'elle n'a pas seulement approuué par vn muet & tacite consentement, mais l'a recommandé par ses Theologiens, qui en font métion honorable. Heissius ayant rapporté son texte & ses propres paroles pour les canoniser & defendre, dit en suite, *que c'est l'auis commun des Iesuites, suiuant lequel il n'y a point de peril pour les Princes, qui seroient reputez tyrans par tout vn peuple, si ce peuple suiuoit, comme Mariana le desire, le conseil des gens sçauans & graues, & si ces gens sçauans & graues estoient Iesuites.* Gretser [a] ne met

XXXVIII.

Declarat. Apolog. ca. 3. Apho 1. *Habes communem Iesuitarũ sententiam*: ac proinde principibus nihil periculi imminet, quãdo totius populi sensu pro tyrannis habentur, si populus sequatur Doctorum & grauium virorũ, quod Mariana exigit, consilium, iique Iesuitæ sint.

[a] In vespertil. heretico. quid vero *tam Mariana quam alij Theologi* sentiant erudite explicatũ inuenies in refutatione Aphorismorum Caluinianorum.

point de diſtinction & difference entre l'auis de Mariana, pour ce qui touche les Souuerains, & celuy des autres Theologiens. Becan [b] celebre entre leurs Profeſſeurs de Theologie, confond l'opinion de Mariana touchant les Rois auec celle des autres Ieſuites, qui ont eſcrit ſur la meſme matiere; & vn de leurs Prouinciaux en France Louis [c] Richeome au liure qu'il a fait pour la defenſe de toute la Societé, a oſé auancer, non ſans vn manifeſte meſpris du Parlement, qui auoit condamné au feu le liure de Mariana, qu'il ſeroit en certaine maniere à deſirer, que Rauaillac euſt leu Mariana, & a voulu malicieuſement faire croire, que Mariana n'auoit rien eſcrit touchant les Princes legitimes, *ſinon conforme au Concile de Conſtance & à la Sorbone.* Impoſture, que la Sorbone a repouſſée par

b In Aphoriſmis doctrinæ Caluiniſtarũ. Atque hęc eſt expreſſa ſententiâ *Ioannis Marianæ & aliorum Ieſuitarum, qui de hac re ſcripſerunt*

c En ſa reſponſe apologetique à l'Anticoton.

Arreſt du 8, Iuin 1610.

1. Febru. 1611. Sacra Theologiæ Pariſienſis Facultas cēſuit auctorem Apologię hęc non ſatis conſideratè ſcripſiſſe, nempe quodammo-

vn acte public, & a solemnellement declaré, *que ses sentimens & ceux du Concile de Constance, lequel Mariana reiette, sont entierement contraires touchant cette matiere à ceux de Mariana.* Il est vray, que Mariana, apres auoir hardiment declaré, *qu'il n'estimera point, qu'vn homme fasse mal, qui entreprendra de tuer* vn Prince legitime, qui abuse excessiuement de son pouuoir, quand les sujets n'auroient pas le moyen de s'assembler pour le condamner; apres auoir absolument conclu, *que cela est assez prouué, par les raisons, qu'il a auparauant apportées contre vn tyran*, iniuste vsurpateur; il est vray, dis-ie, qu'il adioûte, comme s'il vouloit endormir les Ministres des Princes, charmer le monde, & subtilement pallier ce qu'il auoit declaré & pretendu prouuer sans aucune reserue, *qu'il ne met pas la chose*

do desiderandum fuisse, vt Rauaillacus legisset Marianam.

2. Eadem Facultas declarauit Marianã nullomodo, vel cum Concilio Constan. vel cum suis conclusionibus cõuenire. Se mẽtem suã de præfato Concilio, quod repudiatur â Mariana, propriisque decretis velle aperire.

Lib. 1. de Instit. Rege c.6. Qui votis publicis fauens eũ perimere tẽtarit, haudquaquam inique fecisse existimabo. Quod satis argumentis cõfirmatur, quæ posteriori loco aduersus Tyrannum in hac disputatione sunt posita.

dans l'arbitre ou la fantaisie de chaque particulier, ny mesme de plusieurs, si la voix publique du peuple ny est, qu'on prenne le conseil de gens sçauans & graues. Il laisse donc en la disposition de chaque particulier d'attenter sur vn Prince legitime, s'il y a voix publique d'vn peuple, s'il a pris conseil de gens doctes & importans. Que dit la voix publique, sinon vn mécontentement & mauuaise satisfaction d'vn peuple, où mesme vn bruit commun, qui est vne voix publique du peuple, non pas vn iugement, ny vne authorité publique, non plus que le conseil d'hommes doctes & graues ? Il faut de necessité que les Iesuites, auoüent que leur Mariana trouue bon, qu'vn particulier, sans authorité publique, assassine vn Prince legitime; où bien qu'ils recognoissent, que lors, qu'ils establissent

Neque enim id in cuiuspiã priuati arbitrio ponimus; non in multorum, nisi publica vox populi adsit, viri eruditi & graues in cõsilium adhibeantur.

vne authorité publique pour condamner & faire mourir les Princes, ils l'entendent, comme Mariana, & que ce leur est assez pour approuuer l'entreprise d'vn particulier contre vn Roy legitime; qu'il y ait, non pas vne condamnation, non pas vn iugement public, où de personnes qui ayent l'authorité publique, mais seulement vne voix publique, où bruit commun, vn mécontentement des suiets, & qu'on ait pris conseil d'hommes doctes & graues. Il ne faut pas attendre, que les Iesuites rendent honneur à Dieu & à la verité, & qu'ils retractent ce qu'ils ont escrit à l'auantage de leur Mariana. Ils se rangent à son authorité & nous laissent à croire, que leur authorité publique, telle que leur docteur de cas de conscience propose apres les autres Theologiens de sa robe, ſe termine à vne voix commune, à vn bruit public, & à l'auis de gens ſçauans & graues; & pour parler clairement, à la diſpoſition de leur Societé. Les bruits communs ne manqueront point à vne compagnie nombreuſe, puiſſante, eſpanduë par tout l'vniuers, qui les pourra ſemer, faire naiſtre, croiſtre & entretenir par ſes Congregations, Colleges, Confeſſions, Predications, par ſes directions & intrigues, par les negotiations, & commerces, dont elle embraſſe l'ancien & nouueau monde.

XXXIX. Et qui ſeront ces gens ſçauans & graues, qui auront authorité de diſpoſer par leur conſeil de la vie & de la mort des perſonnes ſacrées, ſinon les Ieſuites, qui pretẽdent au ſouuerain empire des lettres, prodiges & monſtres de ſçiẽces, & veritablement autheurs de monſtrueu-

ſes

ſes doctrines; gens importans & graues, qui obſedent les cours de tous les Princes, penetrent aux cabinets, écument les ſecrets, ſe iettent és affaires d'eſtat, & veulent gouuerner & faire les Maiſtres & les Regens par tout où ils ſe trouuent? entre leſquels il y a des freres lais, ſi on veut croire les liures qu'ils ont faict imprimer à leur loüange, qui pourroient faire leçon aux plus grands Politiques, aux Chancelliers & Conſeillers d'eſtat du Roy d'Eſpagne. Qui pourroit où qui voudroit pretendre à cette imaginaire authorité deſſus les Rois, ſinon les Ieſuites, qui la baſtiſſent & la ſouſtiennent obſtinément par tant de malheureux eſcrits, comme ſi c'eſtoit leur propre poſſeſſion, & leur inalienable domaine, & qui ſe ſont vantez par la plume d'vn de leurs Theolo-

3. Predications de Deza imprimées à Poictiers, par le ſoin de Solier Ieſuite.

giens, *que lors qu'il est question d'affaires politiques, où de changer les Rois, ce n'est pas moins le propre mestier ou deuoir des Iesuites d'en consulter, que de prendre garde en temps de peste, qu'on n'ait point manque de remedes necessaires, de bonne theriaque & d'autres preseruatifs*? Ils s'establissent eux mesmes Conseillers & Iuges cõpetens pour ordonner des Rois; & leur dessein ne leur a pas mal reüssi. Ils ont trouué de la credulité, & ont esté recogneus par ceux, qui estoiét les seuls capables de les receuoir & recognoistre en cette qualité. Sans passer la mer, & sans regarder les histoires des Princes estrangers, les trois monstres, qui ont entrepris sur Henry quatriéme, Barriere, Chastel & Rauaillac se sont adressez aux Iesuites Varade, Gueret, Guignard & d'Aubigny.

Seb. Heissius in declaratione Apologetica. Cum de rebus politicis & mutandis regibus agitur; de quo consultare nõ minus Iesuitarum proprium munus est, quam grassante lue curare ne desint amuleta necessaria, theriace proba, aliaque alexipharmaca.

XIII. Desquelles cognoissances, quelle

conclusion pourroit-on raisonnablemét tirer, sinon que les autheurs de ces detestables maximes sont veritablemét Perturbateurs du repos public, & ennemis non seulement du Roy & de l'Estat, comme le Parlement de Paris les a nommez, mais bien de tous les Rois & Estats, & de toutes les nations du monde? Cet auguste & venerable Senat a souuent tesmoigné l'ardeur de son zele pour le seruice du Roy & de l'Estat, en s'opposant de toute sa puissance aux furieuses instructiós, qui tuent les Rois, & ruinent les Royaumes. Ses iustes & seueres Arrests contre les liures des Iesuites Mariana,[a] Bellarmin.[b] Suarez[c] & Santarel,[d] & contre la pernicieuse Admonition,[e] & les Mysteres politiques, seront autant de marques, qui demeureront à iamais, de la cóstante & perpetuelle fidelité de cet-

Arrest du 29. Decembre 1595.

a Arrest du 8 Iuin 1610
b 26 Nouembre 610
c 26 Iuin 1614
d 13 Mars 1626
e 25. Ianu 1626
e Cinq Arrests de l'an 1626.

te illustreCompagnie,qui en auoit desia donné vne plus importante & plus necessaire preuue,aussi bien que de son excellente preuoyance & sagesse, lors qu'elle auoit éloigné du Royaume & du Roy le peril & le mal, en éloignant & bannissant à iamais les autheurs, s'ils n'eussent esté rappellez par l'excessiue clemence d'vn grand Roy,qui n'a pû sauuer sa vie de la troisiéme attaque des apprentifs & disciples de cette assassine & parricide doctrine. La diligence & fidelité du Parlement n'a point manqué aux
XLIII. Rois, ni à l'Estat. Mais si les Magistrats ciuils exigent l'obeïssance des hommes, ils n'ont pas le pouuoir de forcer vn entendement, qui se roidit ordinairement contre les commandemens, & ne se rend qu'à l'instruction & connoissance, & ne se sousmet volontiers,

qu'à vne authorité ſpirituelle. Toute l'Egliſe reuere l'authorité des Eueſques, auſquels noſtre Seigneur a confié, comme à de bons & fideles Seruiteurs, les talens de ſa ſaincte parole, pour les faire valoir. Qui les honore, honore celui qu'ils repreſentent; qui les mépriſe, mépriſe Ieſus-Chriſt, qui les a ordonnez. Ceux qui parlent ou eſcriuent contr'eux, leuent la bouche contre les cieux, qui annoncent la gloire de Dieu; & ceux qui entendent d'autre voix ſuiuent les mercenaires, qui les veulent tuer & deuorer, non pas les veritables Paſteurs, qui les veulent nourrir & ſauuer. Cet Ordre ſacré a touſiours conſerué la pureté de la ſaine doctrine, qu'il a enſeignée au monde, & a renuerſé par l'effort de ſes diuins Canons, toutes les fortifications & machines des hereſies,

& fausses opinions, qui s'éleuoient contre les dispositions & ordonnances de Dieu; a maintenu la Maiesté des Rois, & asseuré leur vie &
4. 5. 6. Conc. de Tolede. Concile de Meaux, de Maience, d'Oxfort. Conc. gen. de Constan.
leurs Estats, en fulminant de redoutables anathemes contre les execrables assassins & contre tous les seditieux & rebelles. Mais comme ces Anges visibles sont ordinairement attachez à leurs Spheres, comme ils resident sur les lieux, où ils veillent sur le troupeau de nostre Seigneur, & gouuernent l'Eglise de Dieu, laquelle il a acquise par son sang, & ne peuuent continuellement estre assemblez en Concile pour condamner par vn commun auis les mauuaises doctrines, qui s'éleuent de iour en
XLIV. iour; la France n'a point eu depuis plusieurs siecles en ça, de plus pressens, ni de plus vtiles remedes contre le poison des fausses & perni-

cieuſes opinions, que l'authorité de l'Eſcole & Vniuerſité de Paris, que les concluſions de ſa Faculté de Theologie. Les Rois & leurs Conſeils, les Cours de Parlement l'ont ſouuent conſultée, & tous les Ordres de France ont receu ſes reſolutions, comme des veritez Catholiques. Elle s'eſt fortement opposée à toutes les malices ſpirituelles, qui ont voulu broüiller la ſincerité de la Religion, & troubler la tranquillité & le bien de l'Eſtat. Elle a defendu l'Vnité & l'Hierarchie de l'Egliſe, l'authorité du S. Siege, l'honneur de l'Epiſcopat, la Maieſté de nos Rois, la dignité de leur Couronne, la ſeureté de leurs perſonnes, contre les Heretiques, contre les Ieſuites, cõtre tous ceux, qui les ont attaquées. Si quelqu'vn de ſon corps s'eſt dauanture eſcarté de la veritable doctrine, elle l'a

rappellé & corrigé. Elle a commencé par ſa maiſon á iuger & à exterminer le mal. Quand le Duc de Bourgogne apres auoir fait cruellement aſſaſſiner à Paris vn Duc d'Orleans frere vnique du Roy, eut trouué pour defendre ſon crime, vn moine nommé Iean Petit, cette ſaincte & docte Compa-
15. Decembre 1413. gnie condamna par vn auis commun de cent quarante & vn de ſes Docteurs, la propoſition heretique de Iean Petit. Et c'eſt cette concluſion-là meſme, laquelle peu de temps apres, le Concile de Conſtance canoniſa dans ſa Seſſion 15. condamnant comme heretiques ceux, qui voudroient ſouſtenir qu'il eſt permis d'entreprendre ſur quelque tyran que ce ſoit, ſans diſtinguer, comme les Ieſuites l'expliquent, s'il eſt tyran par vſurpation, ou par abus d'vne legitime

puissance. Apres l'abominable assassinat d'Henry III. la Faculté de Paris ne fut pas plustost libre, n'eut pas plustost le moïen de s'assembler, qu'elle declara publiquement, *Que tant s'en faut qu'elle eust iamais approuué cette action, qu'elle l'a tousiours euë, comme tous autres actes semblables, en grande horreur & detestation, ensemble ses autheurs complices & approbateurs.* Lors que la mesme furieuse doctrine nous eut aussi rauy nostre Henry IIII. la mesme Escole de Paris renouuella son Decret, que le Concile de Constance a mis en ses Canons, & declara expressement, *Qu'aucun suiet, vassal ny estranger ne pouuoit sous quelque pretexte que ce soit attenter sur les personnes sacrées des Rois & Princes, sans s'engager ez crimes de sedition d'impieté & d'heresie.*

21. Ianuier 1595.

4. Iuin 1610.

Seditiosum, impium & hereticum esse, quocũque colore, à quocũque subdito vassallo aut extraneo, sacris Regum & Principum personis vim inferri.

Apres ces sainctes declarations, apres tant de censures de cest illu-

XLV.

ſtre corps contre vn grand nombre d'eſcrits & liures de Ieſuites parſemez d'erreurs contre toute police Eccleſiaſtique & ciuile, il ne ſe faut pas eſtonner, que les Ieſuites bandent toutes leurs forces & facent ioüer tous leurs artifices à la ruine d'vn fort, qui s'oppoſe ſi puiſſamment à leurs ambitieux deſſeins. Non contens d'auoir eſté reſtablis en France par l'extraordinaire bonté d'vn grand Roy, duquel pour aſſeurer la vie, la plus conſiderable des Cours ſouueraines les auoit iudicieuſement bannis du Royaume; non contens d'enſeigner contre les conditions de leur r'appel, d'auoir étouffé dedans & dehors le Royaume toutes les Vniuerſitez, où ils ſe ſont logez, ils font vne continuelle guerre à celle de Paris, la battent en ruine, au dehors par la multitude incroïable de leurs Colleges, au dedans par les cabales, & par ces superbes Palais, par ceste grande Citadelle plustost que College de Clermont; ils taschent incessamment d'estendre leurs limites, d'enuahir les Colleges mesme de l'Vniuersité; & pour l'opprimer tout d'vn coup, comme ils l'ont desia engloutie toute entiere par leurs auides & insatiables esperances, ils veulent par vne violence inouïe forcer publiquement l'Vniuersité a receuoir en ses facultez les Enfans de leur institution & doctrine, afin que les ayant remplies des partisans de leurs opinions, ils regnent absolument sur les esprits, & que sans opposition ou contradiction de personne ils introduisent & facent receuoir leurs maximes, & empeschent le monde de voir autre lumiere, sinon celle, qu'ils luy voudront communiquer.

C'eſt à ceux, qui ont beſoin de clarté d'entretenir la lampe : à ceux qui recognoiſſent l'vtilité & la neceſſité de l'eau, de prendre garde, & s'oppoſer à ce que l'on n'en corrompe, que l'on n'en empoiſonne pas les ſources. C'eſt au S. Siege, à Meſſieurs les Eueſques, c'eſt aux Roys, aux Princes, & aux Magiſtrats de conſeruer l'Vniuerſité de Paris, ſi l'Egliſe & l'eſtat en ont iamais receu & en peuuent tirer à l'auenir quelque ſeruice. C'eſt à tous ceux, qui abhorrent la tyrannie, de reſiſter à celle, que les Ieſuites veulent prendre ſur la creance & ſur les eſprits des hommes. En fin tous ceux, qui fõt eſtat de la Iuſtice & de la Verité, qui honorent les Rois & reuerent les ordres eſtablis de Dieu, qui aiment le bien & la tranquillité publique, & ont ſoin de leur propre vie, ont intereſt à ne laiſſer pas opprimer vne compagnie de Theologiens& gens de lettres qui ſeule en France peut & oſe auiourd'huy s'oppoſer à ceſte Eſcole, en laquelle pour ne rien dire de ſes autres dogmes, on enſeigne publiquement en expoſant les commãdemens de Dieu, qu'il eſt permis à vn particulier de tuer de ſon authorité priuée celuy, de la langue duquel il craindra de mauuais offices, & qu'auec l'aueu de ceux qui ont pouuoir de chaſtier les crimes, on peut legitimement entreprendre deſſus la vie des Princes ſouuerains, s'ils abuſent de leur authorité.

Fautes en l'Impreſſion.

PAge 4. ligne 19 *liſez* le plaiſir. Page 5. l. 3. *liſ.* Chreſtiens. P. 10. l. 11. *liſ.* ſacrée. P. 12. l. 18. *liſ.* en la main. P. 15. l. 7. *liſ.* ſes. P. 16. l. 3. *liſ.* combien. P. 21. l. penult. *liſ.* iniuſtes *au lieu de* menteurs. P. 22. l. 9. *liſ.* empeſtez. P. 34. *en marge liſ.* 1633. P. 40. l. 15. *liſ.* ſes ſentimens. P. 42. l. 15. *liſ.* propoſition. P. 46 l. 7. *liſ.* le. P. 50. l. 21. *effacez* ils. P. 75. l. 21. *liſ.* de gens.

www.ingramcontent.com/pod-product-compliance
Ingram Content Group UK Ltd.
Pitfield, Milton Keynes, MK11 3LW, UK
UKHW021110260726
13994UKWH00002B/831